Mario Watzek und Oliver Glasmacher

Die Wasserhaltung des Kupferbergwerks Rhonard

Leicht steigen wir mit frohem Sinn
Die steile Fahrt hernieder,
Ein Jeder geht zur Arbeit hin,
Es regt sich Alles wieder.
Man hört des Pulvers Donnerknall,
Des Schlägels und des Eisens Schall,
Der Hunte Räderlauf.
Glück auf! Glück auf! Glück auf!

(Bergmannslied)

Mario Watzek & Oliver Glasmacher

Die Wasserhaltung des Kupferbergwerks Rhonard

Ein Nachschlagewerk
über die Maßnahmen zur Entwässerung
des Kupferbergbaus

Glück Auf!

© 2015 Mario Watzek & Oliver Glasmacher

Bibliografische Information der Deutschen Nationalbibliothek:
Die Deutsche Nationalbibliothek verzeichnet diese Publikation in
der Deutschen Nationalbibliografie; detaillierte bibliografische Da-
ten sind im Internet über http://dnb.dnb.de abrufbar.

Herstellung und Verlag: BoD – Books on Demand, Norderstedt
ISBN: 9783734760419

Inhaltsverzeichnis

Vorwort

Von Horst Müller – Bürgermeister Kreisstadt Olpe

Das Gewinnen von Bodenschätzen und derer Verarbeitung hat in unserer Gegend eine sehr lange und bedeutende Tradition. So wurde beispielsweise bereits im Jahr 1562 die Grube Rhonard urkundlich erwähnt. Damals bauten die Gewerken Graf Johann der Ältere von Nassau, Graf Hermann von Neuenahr und der Droste von Balve, Hermann von Hatzfeld Kupfererz ab.

Hier liegen die Ursprünge unserer Metallgewinnung und Verarbeitung, die in späteren Jahren zur Industrialisierung und damit zum gediegenen Wohlstand unserer Bevölkerung beitrugen und ich begrüße es sehr, wenn die heimatkundlichen Zusammenhänge untersucht und niedergeschrieben werden.

Mario Watzek und Oliver Glasmacher erforschen seit langem die Geschichte des heimischen Bergbaus in ihrer Freizeit und tun dies mit beachtlichem Engagement und Fachwissen, wie man auch durch ihre Aufsätze im 21. und 22. Jahrbuch des Heimatvereins für Olpe und Umgebung feststellen kann.

Das vorliegende Taschenbuch ergänzt diese Aufsätze mit neueren Erkenntnissen über die Grube

Rhonard und behandelt die Wasserhaltung des Bergwerks.

Ich freue mich, dass wir damit über eine weitere Quelle des Bergbaus in Olpe und seine spannende Vergangenheit verfügen.

Herzlichen Dank an die Autoren!

Ihr

Horst Müller
(Bürgermeister)

Die Wasserkünste der Grube Rhonard

Welche Bedeutung die Grube Rhonard respektive der Rhonarder Gangzug für die Geschichte und die Entwicklung der Stadt Olpe und deren umliegende Dörfer hatte, ist uns aus zahlreichen Dokumentationen und Aufsätzen bekannt. Besonders sind hier die Arbeiten von Norbert Scheele, Manfred Schöne und Wilfried Reininghaus zu nennen.

Weniger bekannt ist das fortwährende riesengroße Problem „Wasser", das den Bergbau in der Rhonard sehr schwierig und kostspielig machte. Um das im Gestein vorhandene Wasser, welches eine Grube sehr schnell zum Absaufen (Fluten der Grubenbaue) bringen konnte, zu entfernen, bedurfte es verschiedener Methoden. Neben der Möglichkeit, es über einen tief gelegenen Stollen abzuleiten, konnte man im Tiefbau, also unterhalb dieser tiefen Stollen, so genannte Wasserkünste errichten, die das Wasser über Pumpen in den Stollen hoben, um es dann nach draußen zu leiten.[1]

Abb. 1: So lagen die Künste bzw. könnten sie gelegen haben.
(Kartenreferenzierung auf Basis der Deutsche Grundkarte (DGK 5) und einem historischen Grubenriss.
Referenzierung: Kai Thomalla; Zeichnung auf der Karte: Mario Watzek)

---

[1] Vgl. zu den Wasserkünsten und Kunstgräben in der Rhonard bisher: Binczyk, Karsten: Kunstgräben und Wasserkünste des Bergwerks Rhonard. Beobachtungen an der Grube Rhonard/Stachelauer Hütte. In: OGG 14 (2006). S. 39-46.

Abbildung 1

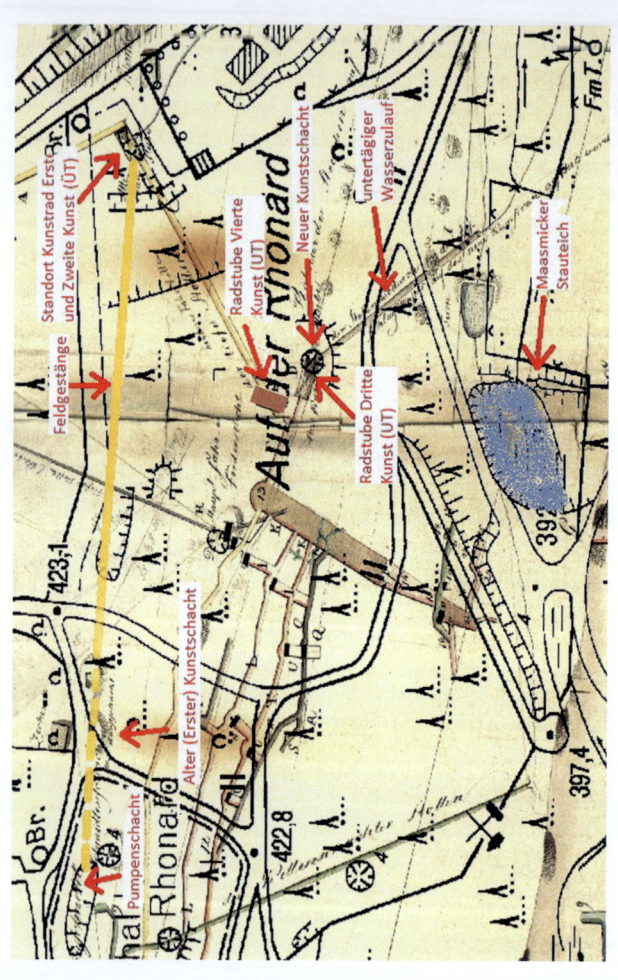

Abb. 2: Etwa so könnte die erste Kunst an der Rhonard ausgesehen haben.
(Kupferstich aus: Georg Engelhard von Löhneyß: Bericht vom Bergwerck, 1690; Bearbeitet von Mario Watzek)

A: Kunstrad / B: Feldgestänge / C: Pumpengestänge mit Pumpensätzen und Steigrohren

Da in der Rhonard enorm viel Wasser vorkam, gab es auch hier diese Künste. Das Verwirrende ist, dass man ohne Wasser kein Wasser aus den Gruben heben konnte, weil die Wasserräder der Künste Wasser brauchten, um angetrieben zu werden. Einige alte Sprichwörter aus verschiedenen Bergbaugebieten veranschaulichen dies sehr schön: *„Haben wir Wasser, trinken wir Wein. Haben wir kein Wasser, bleiben wir daheim.“* oder *„Haben wir Wasser, trinken wir Wein. Haben wir kein Wasser, trinken wir Wasser.“* Diese verdeutlichen, wie wichtig das Wasser war, um die Gruben zu entwässern. Gab es genug Aufschlagwasser für die Kunsträder, konnte in der Grube gearbeitet werden, und der Bergmann bekam seinen Lohn. Ihm ging es gut, ausgedrückt in „... trinken wir Wein.“ Gab es nicht genügend Aufschlagwasser, konnte in der Grube nicht entwässert und demnach auch nicht gearbeitet werden. Der Bergmann ging heim, ihm ging es wegen des Lohnausfalls schlecht, „... trinken wir Wasser.“

Die meisten Arbeiten, die sich mit der Geschichte des Bergbaus in der Rhonard beschäftigen, lassen uns glauben, dass die Grube Rhonard nur zwei Wasserkünste besessen habe. Doch gab es insgesamt vier Wasserkünste, die der Grube das Wasser nahmen.

Abb. 3: Eine weitere Zeichnung des Aufbaus eines Feldgestänges aus dem Jahre 1584
(Aus: Jean Errard: Le Premier livre des instruments mathématiques ... Nancy 1584)

Abbildung 3

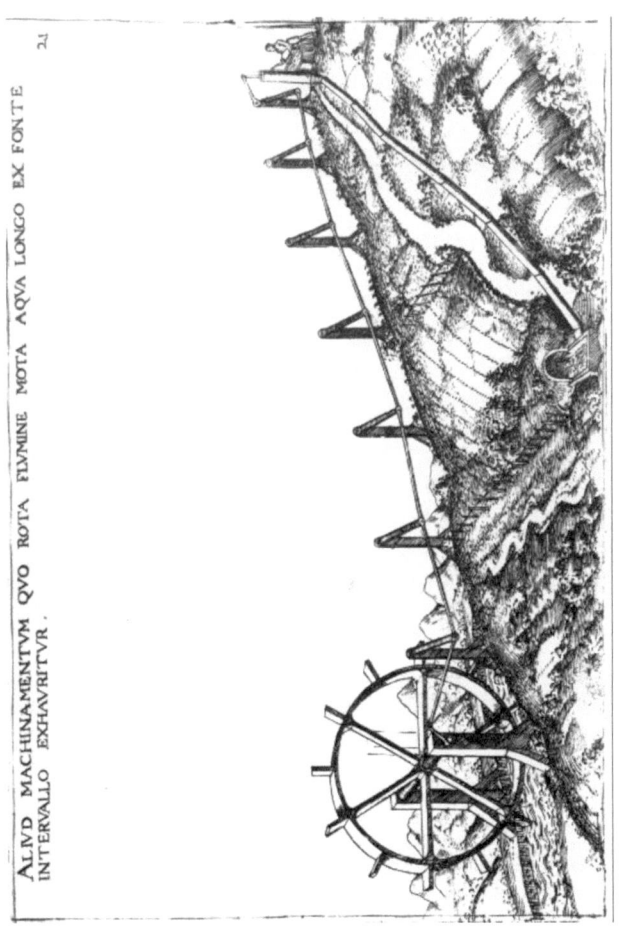

Bereits 1668 wird eine Wasserkunst erwähnt, die wahrscheinlich schon um 1660 betrieben wurde.[2] Diese *„Erste Kunst"* stand – wie die zweite (uns als erste Kunst bekannte) – übertägig an ziemlich dem gleichen Standort, rechts neben den heutigen Häusern „Grube Rhonard".

Das Kunstgestänge, das durch das Wasserrad angetrieben wurde, verlief übertägig den Rhonardberg hinauf[3] und trieb das Pumpengestänge im Pumpenschacht an, später im etwas tiefer gelegenen *„Alten Kunstschacht"*, auch *„Erster Kunstschacht"* genannt. Die von dort gehobenen Wasser wurden über einen Graben ins Tal geleitet. Ob in Richtung „Müllerhöfchen" oder in Richtung „Auf der Rhonard" abgeleitet wurde, konnte noch nicht eindeutig feststellt werden. Es ist jedoch davon auszugehen, dass das gehobene Wasser in Richtung „Auf der Rhonard" geleitet wurde, damit es dort wieder als Aufschlagwasser genutzt werden konnte und somit zum Antrieb des Kunstrades beitrug.

Abb. 4: Die dritte Kunst, die erste komplett unter Tage gelegene Wasserkunst, wie sie in etwa ausgesehen haben könnte
(Aus: Döring, Mathias: Eisen und Silber – Wasser und Wald, Gruben, Hütten und Hammerwerke im Bergbaurevier Müsen. Kreuztal 1999. S. 58; vereinfachte Prinzipskizze, editiert: Mario Watzek)

---

[2] Landesarchiv NRW, Abt. Rheinland: Kurköln IV, 1275 (Regalien Bergwerke 1668-1757). Bericht des Bergmeisters Caspar Engelhardt über die Bergwerke im Erzstift Köln, unter *„2te + 3te Massen"*.

[3] Mimberg, Josef: Poetisches Loblied auf den Besitzer des Rhonarder Bergwerks, Jodok Edmund von Brabeck, 1700. In: HSO 75 (1969). S. 66-81;

Abbildung 4

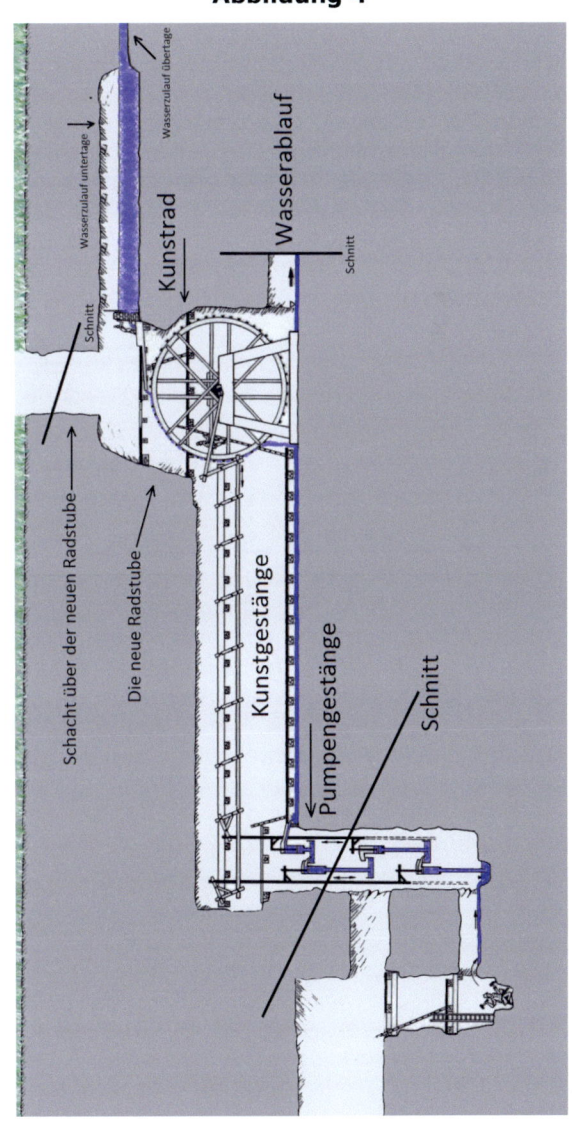

Die erste Kunst wurde bis 1719 betrieben, wurde der Wasser aber nicht mehr mächtig.[4]

Den Verlauf des Kunstgestänges kann man heute noch deutlich im Gelände erkennen. In der Flucht zwischen dem Standort des Wasserrades und dem „Alten" Kunstschacht/Pumpenschacht sieht man eine Wölbung im Berg. Diese wurde grabenförmig eingeebnet, damit das Kunstgestänge gerade laufen konnte.

Von 1719 bis 1724 stand die Kunst wegen Wasserproblemen still, von 1724 bis 1730 sogar die ganze Grube.[5]

Mit Fertigstellung des Fahrstollens 1730, als damals tiefstem Stollen, wurde eine neue Wasserkunst errichtet[6] – die zweite bekannte Wasserkunst. Diese hatte das Wasserrad immer noch übertägig, diesmal allerdings schon in einer Radstube (wohl ein einfacher Regenschutz). Der Standort dieser Kunst befand sich an gleicher Stelle wie die oben beschriebene Kunst, wobei das Rad etwas versetzt gestanden haben muss, da das Kunstgestänge untertägig durch den Fahrstollen zum neuen untertägigen Kunstschacht führte und dort das Pumpengestänge antrieb. Die gehobenen Wasser wurden nun auch durch den Fahrstollen nach außen und über einen Obergraben in die Olpe geleitet.

Es ist zu vermuten, dass sowohl das Wasserrad als auch das Kunst- und Pumpengestänge der ersten Kunst, zumindest Teile davon, für die zweite Kunst

---

[4]   Ebenda.
[5]   Scheele, Norbert: Die letzten Jahre des Kupferbergwerks Rhonard bei Olpe. In: HBO Jg. 10 (1933). S. 73-75, 102-105, 145-148, 170-171; Jg. 11 (1934). S. 17-20. Hier Seite 170-171.
[6]   Ebenda.

verwendet wurden, um die Kosten niedrig zu halten. Der Betrieb dieser Wasserkunst ging bis 1795.[7]

Da diese Kunst der Wassermassen der Rhonard nicht Herr wurde und nicht die Leistung brachte, aus tieferen Teufen die Wasser zu heben, baute man eine weitere Wasserkunst, die dritte Kunst. Diese ist uns als zweite Kunst bekannt und wurde komplett unter Tage errichtet.

Abb. 5: Reste eines Pumpengestänges und eines Pumpensatzes in einem Blindschacht
(Foto: Mario Watzek)

[7] Nose, Carl Wilhelm: Beiträge zu den Vorstellungsarten über vulkanische Gegenstände. Frankfurt 1792. S. 165. Darin: Nachrichten von Becher aus dem Dillenburger Archiv, u.a. über die Rhonard.

Abb. 6 + 7: Hölzerne Rohre zur Wasserableitung. So sahen auch die Steigleitungen aus, die das Wasser von Pumpe zu Pumpe führten. Diese Rohre hatten an einer Seite eine Verjüngung, eine umlaufende Kerbe auf der anderen. Durch die Verjüngung konnten die Rohre ineinander gesteckt werden. Über das außen liegende Rohr wurde in die Kerbe eine Eisenschelle gesetzt. Diese brachte zusätzliche Stabilität und verhinderte das Wegplatzen des Holzes an dieser Schwachstelle, was durch den Quellvorgang des Holzes passieren konnte. Die Abdichtung erfolgte mittels Leder oder Stoff.

(Fotos: Mario Watzek)

Abbildung 7

Man baute eine große untertägige Halle (Radstube), in der das Wasserrad untergebracht war. Das Kunstgestänge lief untertägig zum Kunstschacht und betrieb dort, neben dem Pumpengestänge der zweiten Kunst, einen weiteren Pumpensatz an. Somit wurde man der Wassermassen schließlich Herr und konnte bis zu einer Teufe von 80 Lachtern (=ca. 163,20 m) das Wasser heben.[8] Das Wasserrad dieser Kunst war mit einem Durchmesser von 46 Fuß (14,44 m) riesig.[9] Bergrat von Spiegel gibt als Maß allerdings nur 44 Fuß (13,81 m) an.[10] Der Bau wurde 1760 begonnen und dauerte rund fünf Jahre, so-

---

[8]   Scheele: Die letzten Jahre (wie Anm. 6). S. 171.

[9]   Scheele, Norbert: Geschichte der Gemeinde Olpe-Land. Olpe: Eigenverlag 1952. S. 160-170; Kemper, Gretel: Olpe. Stadt und Land. Hrsg.: Heimatverein für Olpe und Umgebung e.V. 3., aktualisierte und erweiterte Auflage. Kreuztal 2000. (=5. Beitrag zur Geschichte der Stadt Olpe). S. 113.

dass die Kunst ab 1765 ihren Betrieb aufnehmen konnte.[11] Bis 1795 liefen die zweite Kunst und die dritte Kunst parallel und retteten die Grube vor dem Absaufen.

1795 wurde nun die zweite Wasserkunst durch eine neu errichtete, die vierte Wasserkunst, abgelöst. Diese war ebenfalls komplett unter Tage angelegt und trieb den Pumpensatz im gleichen Schacht an wie die zweite Kunst; vermutlich sogar den gleichen Pumpensatz.

Das Kunstrad dieser Wasserkunst war 36 Fuß (11,30 m) hoch und um 90° versetzt zum Kunstrad der dritten Kunst.[12]

1805 wurden sowohl die dritte Kunst als auch die vierte Kunst vom damaligen Grubenbesitzer von Brabeck abgestellt, da die Grube nicht mehr wirtschaftlich war. Die hohen Kosten, gerade auch die der Wasserhaltung, standen der immer geringer werdenden Ausbeute entgegen. Die Grube soff ab!

Die Wasserkünste „Erste Kunst" und „Zweite Kunst" bezogen das für die Kunsträder benötigte Wasser aus dem Maasmicker Stauteich. Das Wasser wurde über einen heute noch teilweise sichtbaren Obergraben an die Radstube geleitet.

Für die dritte Kunst und die vierte Kunst wurden noch zwei zusätzliche Stauteiche in „Bruch" angelegt, da der Maasmicker Teich im Sommer meist nicht genug Wasser brachte und auch nicht das Volumen hatte, um zwei Wasserkünste mit Wasser zu versorgen. So wurden die erste Kunst und die zweite Kunst durch den Maasmicker Teich mit Wasser ver-

---

[10]   Schöne, Manfred: Ein Gutachten von 1800 über den Erzbergbau in der Olper Rhonard. In: HSO 127 (1982). S. 80-87; HSO 128 S. 135-143. Hier S. 82, 85 und 135-139.

[11]   Scheele, Norbert: Zur ältesten Geschichte des Kupferbergwerks Rhonard bei Olpe. In: HBO Jg. 10 (1933). S. 73-75, 102-105, 145-148, 170-171; Jg. 11 (1934). S. 17-20. Hier S. 103.

[12]   Schöne: Ein Gutachten (wie Anm. 9). S. 138.

sorgt, die dritte und die vierte Kunst zusätzlich noch durch zwei neu angelegte Teiche. Die beiden zusätzlichen Stauteiche leiteten das Wasser ebenfalls über einen Obergraben in den unterirdischen Wasserzulauf der Künste („Dritte Kunst" und „Vierte Kunst"). Teiche und teils auch Obergraben sind heute immer noch vorhanden.

Bis zum Bau des Tiefen Stollens bei Stachelau 1786 wurden die gehobenen Wasser über den Fahrstollen abgeleitet, später dann durch den Tiefen Stollen.

Abb. 8: Über- und untertägige Kunsträder. Aus: Agricola, Georg: De Re Metallica Libri XII Zwölf Bücher vom Berg- und Hüttenwesen, 1556, Buch VI, S. 159

Das Rad der oberen Maſchine A.   Seine Pumpe B.   Sein Abfluſßgerinne C.
Das Rad der unteren Maſchine D.   Seine Pumpenſätʒe E.
Das andere Gerinne F.

Wasser gegen Wasser
Maßnahmen zur Aufschlagwassersammlung für die Rhonarder Wasserkünste

Das die Grube Rhonard eine sehr wasserreiche Grube war und enorme Maßnahmen mit hohen Kosten getroffen werden mussten, um dieses Problem zu bewältigen, ist in vielen Quellen und Texten vermerkt.[13]

So besaß die Grube Rhonard in ihrer Betriebszeit insgesamt vier Wasserkünste, die zusätzlich zu den entwässernden Stollen die Grube vom Wasser befreiten.

Doch um eine Grube mittels Wasserkünsten zu entwässern, benötigt man Wasser als Energie. Nämlich um die Kunsträder, welche die Pumpen antrieben zu drehen.

Dies war ein weiteres Manko der Grube, da die Aufschlagwasser für die Räder nur sporadisch vorhanden waren.

Die ersten beiden Wasserkünste, die noch übertägig angelegt waren, wurden mittels der Bachwasser mit Aufschlagwasser versorgt. Zudem dienten die aus der Grube gehobenen Wasser zusätzlich als Aufschlagwasser.

Die vorhandenen Bachwasser waren sehr gering und gerade in den Sommermonaten fehlten diese nicht selten komplett[14].

Dies führte dazu, dass die Wasserkünste oft nicht mit Aufschlagwassern versorgt werden konnten und somit nicht mehr liefen.

Die Pumpen standen still und das Bergwerk soff regelmäßig ab.

---

[13] Siehe Quellenliste

[14] Schöne, Manfred: Ein Gutachten von 1800 über den Erzbergbau in der Olper Rhonard. In: HSO 127 (1982). S. 80-87; HSO 128 S. 135-143. Hier S. 135.

Als Folge daraus konnte in der Grube nicht gearbeitet werden und man hatte enorme Einbußen.

Nach dem Bau der dritten Wasserkunst, welche komplett untertage angelegt war, wurde der Missstand des fehlenden Wassers zu groß. Um dem entgegen zu wirken, veranlasste der Grubenbesitzer Graf von Brabeck den Bau von drei Stauteichen.[15]
Diese Teiche wurden im Wiesental bei Altenkleusheim rechts und links der heutigen Bundesstraße erbaut:

* „der Kleine Teich"
* „der Niedere Teich" und
* "der Oberer Teich".

Abb. 9: Urkarte von 1831. Links der „Kleine" Teich, rechts der „Niedere" und „Obere" Teich.
Der Oberer Teich ist hier schon nicht mehr als Teich eingezeichnet.
Die Karte entstand also nach dem Dammbruch von März 1831 (siehe Text weiter unten).

---

[15] Hier als Korrektur zu: Watzek, Mario: Die Wasserkünste der Grube Rhonard, in Olpe in Geschichte und Gegenwart Band 21 (2013), Seite 29-36.

Abbildung 9[16]

1: Der Kleine Teich
2: Der Niedere Teich
3: Der Oberer Teich

Die drei Kunstteiche sind heute noch mehr oder weniger erhalten. Der Niedere Teich, welchen wir heute unter dem Namen „Kochs Fischteich" kennen, und der Oberer Teich lagen linksseitig der heutigen Bundesstraße Richtung Altenkleusheim. Der Niedere

---

[16]   Aussschnitt aus dem Urkataster des Kreises Olpe (Katasteramt Olpe)

Teich ist heute noch erhalten, vom Oberen Teich nur noch der Damm.

Der Kleine Teich befindet sich rechtsseitig der Bundesstraße, gelegen in Bruch und der Familie Koch aus Olpe gehörend.

Auch dieser Teich ist heute noch vorhanden.

Mit dem Bau der untertägigen Wasserkunst 1760-1765 wurde ebenfalls der Kleine Teich samt Graben errichtet[17], der die Wasserkunst erst noch alleine mit Aufschlagwasser versorgte.

Später wurden noch der Oberer und der Niedere angelegt, der größere der beiden in den Jahren 1778-1780[18]

Der Kleine und der Obere Teich waren bis zum tiefsten Auslauf 22 Fuß (ca. 6,90m) tief und hatten einen großen Wasserspiegel.

Der Niedere Teich jedoch übertraf dies mit einer Tiefe von 32 Fuß (ca. 10,04m) und einem Wasserspiegel, der so groß war, dass er fast soviel Wasser bevorraten konnte, wie die beiden Erstgenannten zusammen.[19]

Alleine der Bau des Niederen Teiches kostete an die 4000 Reichstaler. Für den Oberen und Kleinen Teich waren jeweils an die 2000 Reichstaler an Kosten entstanden.[20]

Der Oberer Teich und der Niedere Teich standen in Verbindung, sodass aus dem Oberen Teich kein

---

[17] Scheele, Norbert: Zur ältesten Geschichte des Kupferbergwerks Rhonard bei Olpe. In: HBO Jg. 10 (1933). S. 73-75, 102-105, 145-148, 170-171. Hier S. 103.

[18] Nose, Carl Wilhelm: Beiträge zu den Vorstellungsarten über vulkanische Gegenstände. Frankfurt 1792. S. 165. Darin: Nachrichten von Becher aus dem Dillenburger Archiv, u.a. über die Rhonard

[19] Schöne, Manfred: Ein Gutachten von 1800 über den Erzbergbau in der Olper Rhonard. In: HSO 127 (1982). S. 80-87; HSO 128 S. 135-143. Hier S. 135.

[20] Ebenda

Wasser abgeleitet werden konnte, was nicht zuvor durch den Niedere Teich gelaufen ist.

Die Wasser der beiden Teiche liefen unweit ihres Auslaufes mit den Wassern des Kleinen Teichs zusammen und fanden ab dort eine gemeinsame Grabentour. Diese führte bis ins Maasmicketal, teilweise über einen heute noch vorhandenen Obergraben.

Dieser Obergraben war 4 Fuß (ca. 1,25m) breit und 3 Fuß (ca. 0,95m) tief.

Zur besseren Wasserführung wurde an vielen Stellen die Sohle (Boden) mit Lehm ausgestampft und teilweise sogar ausgemauert.

Damit im Winter das Wasser nicht einfror und der Wasserlauf bei starkem Wind nicht mit Schnee voll geweht wurde, deckelte man ihn mit Buschholz ab, was wohl auch den gewünschten Zweck erfüllte.

Der Graben, der die Wasser nun aus allen drei Teichen führte, wurde ca. 30 Lachter (ca. 62,77m) vor der Radstube der 3ten Wasserkunst untergeröscht (nach untertage verlegt) und brachte das Wasser dort auf die Kunsträder.

Abb. 10: Der untertägige Wasserzulauf
(Foto: Mario Watzek)

Abbildung 10

Der im Maasmicketal angelegte Stauteich wurde für die Aufbereitung der Erze als Waschteich erbaut. Auf Rissen der Grube wird er mit eben diesem Namen bezeichnet.

Ob der Maasmicker Stauteich ebenfalls Aufschlagwasser für die Wasserkünste lieferte, ist aus der bisher vorhandenen Aktenlage nicht zu beweisen.

Lediglich eine Publikation[21] nennt den dritten Teich in der unteren Maasmicke. Leider findet man keine Quellenangabe aus welcher hervor geht, dass es sich um einen Teich für Aufschlagwasser handelte.

Bewiesen hingegen ist jedoch, dass alle drei Teiche im o. g. Altenkleusheimer Tale angelegt waren:

„durch die Anlage von 3 Teichen seinen Betrieb gesichert zu sehen. Diese Teiche liegen ¼ Std. oberhalb der Grube auf zwei Seiten eines dort befindlichen Hügels und wurden der kleine, obere und niedere Teich benannt."[22]

Man kann jedoch anhand der Risse davon ausgehen, dass der Maasmicker Waschteich ebenfalls dazu beigetragen hat, Aufschlagwasser für die Künste zu liefern.[23]

Abb. 11: Zustand der Stauteiche ca. 1836 - 1850 auf der Karte Olpe der Preußischen Uraufnahme[24]

---

[21]   Scheele, Norbert: Beiträge zur Geschichte des südlichen Sauerlandes, Kreuztal 2003, S. 167

[22]   Schöne, Manfred: Ein Gutachten von 1800.... (wie Anm. 6)

[23]   Wie Anmerkung 3

[24]   Auch hier kann man noch deutlich den Damm des oberen Teiches und dessen ehem. Fläche erkennen.

Abbildung 11[25]

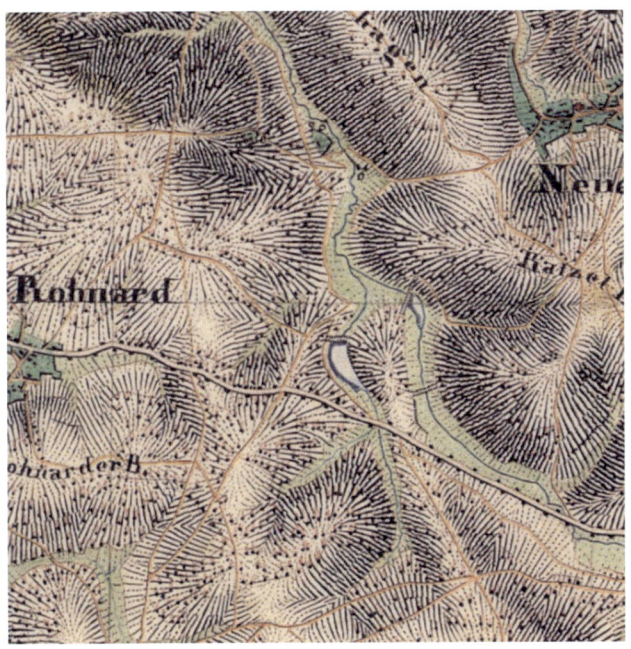

Trotz der Stauteiche hatte die Grube Rhonard enorme Probleme die Grubenbaue trocken zu halten und es schien, als kämen immer mehr Wasser hinzu, welche die Künste zu heben hatten.

Die Wasserkünste waren so stark beansprucht und brauchten soviel Aufschlagwasser, dass die Bäche die Stauteiche nicht mehr mit genügend Wasser speisen konnten. Dies führte in den frühen 1800er Jahren dazu, dass die Grube über drei oder sogar mehr Monate absoff.[26]

---

[25]   Geobasisdaten der Kommunen und des Landes NRW © Geobasis NRW 2014

[26]   Scheele, Norbert: Zur ältesten Geschichte des Kupferbergwerks Rhonard bei Olpe. In: HBO Jg. 10 (1933). S. 73-75, 102-105,

Was dies bedeutete, zeigt folgendes Beispiel. Wenn die Künste für 12 Stunden abgestellt wurden, mussten die Bergleute die Grube umgehend verlassen und brauchten satte drei Tage mit auf Hochtour laufenden Künsten, um das zufließende Wasser dieser 12 Stunden aus der Grube zu bekommen.

Da die Kosten nicht mehr im Verhältnis zur Ausbeute standen und man immer weniger förderte, sah Brabeck die Grube als abgebaut an und entschloss sich im Jahre 1805 die Künste stehen zu lassen.[27] Die Grube soff ab und wurde von Brabeck an seinen Faktor Weber bis 1807 verpachtet und schließlich im Jahre 1809 an ihn verkauft.[28]

Bereits 1800 berichtet Bergrat von Spiegel in seinem Gutachten über den Zustand der Grube, dass die Teiche ihre Aufgabe gut erfüllen, aber die Dämme zu steil und zu dünn sind und daher keinem hohen Wasserdruck standhalten könnten.[29]

Unglücklicherweise sollte Spiegel recht behalten. Das Desaster ließ nicht lange auf sich warten und so brach im Winter 1801 der Damm des größten Teiches und überschwemmte das komplette Tal. Der Damm wurde neu errichtet.

30 Jahre später jedoch, am 15./ 16. März 1831, brach bei einer Flut der Damm des Oberen Teiches.

Die Wassermassen waren so stark, dass sie den Staudamm des niederen Teiches ebenfalls einrissen. Wegen des großen Schadens und da die Künste zu diesem Zeitpunkt nicht mehr in Betrieb waren, wurden die Dämme vorerst nicht wieder aufgebaut.[30]

145-148, 170-171. Hier S. 171.

[27]   Ebenda

[28]   Scheele, Norbert: Beiträge zur Geschichte des südlichen Sauerlandes, Kreuztal 2003, S. 284

[29]   Schöne, Manfred: Ein Gutachten von 1800.... (wie Anm. 6)

[30]   Scheele, Norbert: Die letzten Jahre des Kupferbergwerks Rhonard bei Olpe. In: HBO Jg. 11(1934). Hier S. 18

Zu den oben beschriebenen Bemühungen, die Künste mit Aufschlagwassern zu versorgen, gab es zusätzlich noch kleinere Maßnahmen, um für Aufschlagwasser zu sorgen.

Zum einen kann man bei der ersten Wasserkunst der Grube wohl davon ausgehen, dass die am Bergkopf gehobenen Wasser talabwärts geleitet wurden, um sie dort den anderen Aufschlagwassern für das Kunstrad zuzuführen. Dies wäre eine logische Vorgehensweise gewesen, die jedoch nirgends belegt ist.

Zum anderen wurden evtl. auch Wasser in untertage angelegten Sammelbecken bzw. kleinen Sammelteichen aufgefangen, zutage bzw. später auf die untertägigen Künste geleitet, um auch diese für Aufschlagwasser zu benutzen.

Allerdings gibt es auch hierzu bis dato keine Belege.

Anhand dieser Ausarbeitung kann man sehr gut erkennen, wie wichtig, aber gleichzeitig auch rar das Wasser war, welches für die Wasserkünste benötigt wurde, um eine Grube zu entwässern, die als sehr wasserreich galt.

Enorme Kosten und Aufwendungen mussten und wurden gestemmt um den Grubenbetrieb zu sichern, was wieder einmal mehr verdeutlicht wie wichtig dieser Wirtschaftszweig für unsere und auch andere Regionen war.

Abb. 12: Luftaufnahme der Teiche in ihrem aktuellen Zustand.[31]

[31]   Geobasisdaten der Kommunen und des Landes NRW © Geobasis NRW 2014

Wasserlösungsstollen der Grube Rhonard

Zum Entwässern der Grubenbaue gehörten nicht nur die Wasserkünste, die das Wasser aus der Grube hoben. Auch Stollen, über die das Wasser aus der Grube geleiteten wurde, waren unverzichtbar.

Die Grube Rhonard besaß drei Stollen, die zur Entwässerung der Grubenbau genutzt wurden. Auf diese soll hier näher eingegangen werden.

Diese Stollen waren:

- Der Obere Stollen, im Maasmicketal angesetzt und der älteste der drei Stollen (auch als Maasmicker Stollen oder Kettenschachter Stollen bezeichnet)
- Der Tiefe Stollen, im Stachelauer Seitental angelegt (auch Fahrstollen oder Oberer Grundstollen genannt)
- Der Tiefe Stollen, angelegt etwas oberhalb der Stachelauer Hütte und der tiefste Stollen der Grube (auch Tiefer Stollen, Grundstollen oder Stachelauer Grundstollen genannt)

Zu Betriebszeiten der ersten Wasserkunst, welche die gehobenen Wasser direkt übertage ableitete, hatte man noch keinen Stollen.

Da man aber bei fortschreitender Tiefe mit immer mehr Wasserandrang zu kämpfen hatte und die am Bergkopf angelegte Wasserkunst aus dieser Tiefe die Wasser nicht mehr heben konnte, kam man um den Bau von Entwässerungsstollen nicht herum.

Im Maasmicker Siepen war ein günstiger Punkt um einen Stollen anzulegen. Ein hier angesetzter

Stollen bot mehrere Vorteile: Zum einen diente er primär der Entwässerung des Bergwerks.

Dann bot er die Chance, durch seinen querschlägigen Vortrieb, neue Gangmittel im Hangenden[32] zu erschließen. Die Bergemassen wurden zum Aufschütten eines Dammes genutzt, um die Wasser der Maasmicke und des Stollens aufzufangen und anzustauen. Es konnte zum Betrieb einer Erzwäsche genutzt werden.

Der hier angesetzte Stollen traf nach ca. 23 Lachtern (ca. 48,12m) im Hangenden des Rhonarder Hauptganges einen schmalen, bis dahin unbekannten Erzgang, der im 19. Jahrhundert unter dem Namen Eisenstock verliehen wurde. Nach ca. 170-180 m Gesamtlänge wurde er dann mit dem Rhonarder Gangzug und dem sogenannten Kettenschacht durchgeschlagen.

Daher wurde der Maasmicker Stollen auch als Kettenschachter Stollen bezeichnet.

Abb. 13: Der Massmicker Stollen[33]

---

[32] Der Bergmann nennt das Gebirge über dem Erzgang das Hangende.

[33] "Situations-Charte über die Gruben Vereinigte-Rhonard, Eisenstock und Grünseifen"

Abbildung 13

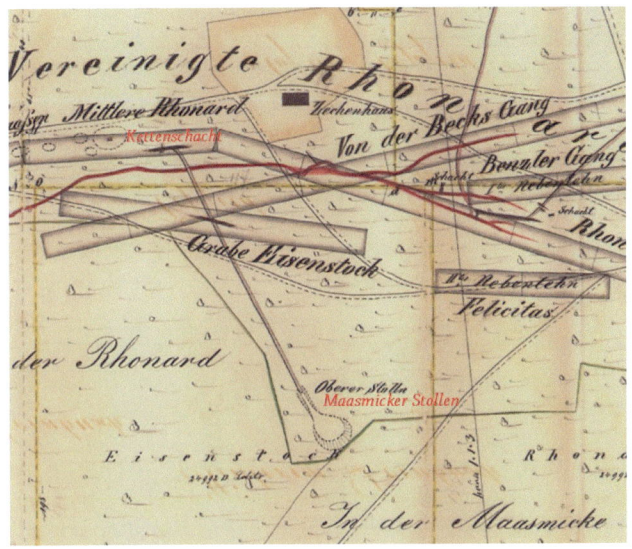

Das Jahr, in dem der Stollen aufgefahren wurde, lässt sich nicht genau feststellen, da die Aktenlage dazu leider bisher fehlt. Die Stadtbrände 1634 und 1795 in Olpe haben leider zur unwiderruflichen Vernichtung vieler Quellen geführt.

Als dieser Stollen nicht mehr ausreichte, ging man wieder in die Tiefe unter diesem Niveau.

Der Graf von Brabeck brachte um 1730 aus dem Harz Johann Georg Cramer von Clausbruch mit, der einer einflussreichen Goslarer Familie mit Bergbaueinfluss und eigenen Hütten entstammte und welcher Faktor einer Messinghütte in Goslar war.[34]

Angefertigt von Markscheider Ginsberg, 11. Nov. 1865 (StA Olpe), editiert von Mario Watzek

[34] Königl.-Grossbrittannischer und Churfürstl.-Braunschweig-Lüneburgischer Staatskalender auf das Jahr 1779 Christi

Er fing an der Rhonard an, die Stachelauer Hütte wieder aufzubauen und brachte ebenfalls Fachwissen mit um einen neuen Grundstollen, den späteren Fahrstollen, unter dem Maasmicker Stollen anzulegen.

Man wählte diesmal einen Punkt im großen Tal, welches heute von Altenkleusheim nach Stachelau führt. Auch dieser Stollen wurde in harter Arbeit quer zu den Gesteinsschichten 200 Lachter $(418,40m)$[35] vorgetrieben und dann der Rhonarder Erzgang getroffen.[36]

Vom Tagesschacht aus brachte er 30 Lachter $(62,76m)$ Teufe ein.

Leider reichte die Tiefe nicht, um das Bergwerk zu diesem Zeitpunkt völlig leer zu entwässern, da der Gesenkbergbau bereits tiefer als das neue Stollenniveau vorgerückt war. Also musste nun eine neue Wasserkunst errichtet werden, welche das Niveau des neuen Stollens als Entwässerungsniveau nutzte und der Stollen musste erweitert werden, um das "Gezeug" einer neuen Wasserkunst aufzunehmen.[37]

Das Wasserrad für diese Kunst war in unmittelbarer Nähe des Stollenmundlochs errichtet und schob ihr Kunstgestänge nun durch neuen Grundstollen bis hin zu einem neu angelegten Kunstgesenk.

In diesem Kunstgesenk waren Pumpensätze angelegt, welche durch die Stangenkunst angetrieben, was Wasser einander zuheben sollten. Der oberste Pumpensatz goss das Grubenwasser auf die Sohle

---

[35] Andere Quellen geben hier eine Länge von 230 Lachter (481,16m) an. Vgl.: Scheele, Norbert: Beiträge zur Geschichte des südlichen Sauerlandes, Kreuztal 2003, S. 282

[36] Scheele,Norbert: Der Bergbau im südlichen Kreise Olpe 1816, Reiseprotokoll des Kgl. Geh. Oberbergrats Graf von Beust, in: HSO 90 (1973), S. 41

[37] Siehe hierzu Kapitel 1

des Grundstollens aus, wo es nach draußen durch die Rösche des Stollens abfloss.

Der Cramersche Grundstollen war somit eine dringende und überaus lohnenswerte Sache für die Grube Rhonard. Bis 1795 blieb er in dieser Funktion erhalten. Mit Durchschlag des tiefen Stollens büßte der Stollen seine Entwässerungsfunktion ein, da es nun ein tieferes Niveau gab. Seine „Aufgaben" waren aber weiterhin von solcher Vielfältigkeit wie kein anderer Stollen der Rhonard.

Er bekam fortan den Namen "Fahrstollen". Durch ihn fuhren die Bergleute zur Schicht ein und aus.

Abb. 14: Hellgrün = Verlauf des Fahrstollen[38]

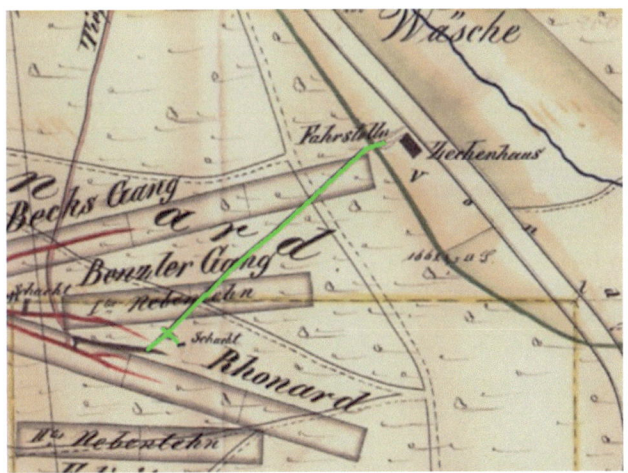

Durch den in den nächsten Jahren weitergehenden Tiefbau im Rhonarder Gang kam die bestehende Wasserkunst bald an ihre Grenzen.

Daher war 1765 eine neue Kunst unterirdisch angelegt worden, um mit dem Bergbau noch tiefer un-

[38]   Wie Anmerkung 32

ter den Stollen niederzugehen und die gestiegenen Wasserzuflüsse aufzunehmen. Dies überforderte diese Kunst aber immer wieder und es kam zu Defekten.[39]

Schließlich entschied sich der Graf von Brabeck, erneut eine neue Kunst anzulegen. Um hierfür ein Kunstgefälle erzielen zu können, wurde nun ein neuer tiefer Stollen angesetzt. Er sollte das ablaufende Wasser von der neuen Kunst und das mit ihr gehobene Wasser aufnehmen. Eine weitere neue Radstube sollte dann zwischen den beiden Stollen entstehen.

Als Ansatzpunkt für den Stollen wählte man den tiefsten möglichen Punkt am Zusammenfluss der Bachtäler oberhalb Stachelau. Geplant war den Stollen noch tiefer im Tal anzusetzen, um noch mehr Teufe zu gewinnen.

Dies war aber nicht möglich, da man sonst der Stachelauer Hütte die Aufschlagwasser komplett entzogen hätte, welche aber nötig waren, um die Wasserräder der Hütte in Betrieb zu halten. Deshalb setzte man ihn 1786 um 40 Lachter (knapp 84m) weiter oben an.[40]

Dieser Umstand kostete zwei Meter oder auch etwas mehr an Gefälle.

Gebaut wurde der Stollen mit dem Verlauf des Rhonarder Tales, was bedeutete, dass er 100 Lachter (ca.210m) länger gebaut werden musste, als wenn man ihn auf direktem Wege in Richtung Gang gebaut hätte. Dies lies sich aber derzeit nicht umsetzen und so trieb man ihn mit der "Krümmung" des Tales vor und knickte erst unter der Bergschmiede bei Lichtloch 12 in Richtung Gang ab.

Trotz das man diese 100 Lachter länger bauen musste brachte es einige Vorteile mit sich.

---

[39]   vgl. Kapitel I – Die Wasserkünste der Rhonard
[40]   LAV Bergämter Nr. 17450 Ver. Rhonard, Gutachten von Jung Müsen 1818

Man konnte Lichtlöcher leichter, schneller und Kostengünstiger abteufen und schnelleren Vortrieb leisten als wäre man auf direktem Weg und dann durch festes Gestein gegangen.

Die Lichtlöcher sorgten für guten Wetterwechsel und waren besonders für den Vortrieb dieses Stollens von Bedeutung.

Man teufte von diesen Lichtlöchern 10 Stück ab und trieb den Stollen im Gegenortsverfahren mit 22 Gegenörtern vor.[41]

Dieses Verfahren wiederum brachte den Vorteil, dass man nun nur acht Jahre brauchte, um den Stollen fertigzustellen, was bei Stollen dieser Länge bei normalem Vortrieb und in festem Gestein 30 oder mehr Jahre gebraucht hätte.[42]

Von den Lichtlöchern war das niedrigste 12 Fuß (376,6242 cm / 3,77 m) und das tiefste 8 Lachter (17,74 m) tief.

Der Stollen wurde zum Teil ausgemauert, da das natürliche Gestein nicht von großer Festigkeit war.

So stand der Stollen vom Mundloch aus über eine Länge von ca. 200 Lachter (418,5 m) im Kellerhalsgewölbe.

Sieben der zehn Lichtlöcher wurden offen gelassen und dienten zur leichten Schlämmung der Stollensohle und auch zum schnellen Heranschaffen von Arbeitsmaterial für den kompletten Stollen. Um sie dauerhaft zu erhalten, wurden daher ebenfalls fünf Lichtlöcher ausgemauert.

---

[41]   Schöne, Manfred: Ein Gutachten von 1800 über den Erzbergbau in der Olper Rhonard. In: HSO 127 (1982). S. 80-87; HSO 128 S. 135-143. Hier S. 84, Vgl. auch: Scheele,Norbert: Der Bergbau im südlichen … (wie Anm. 2)

[42]   Schöne, Manfred: Ein Gutachten von 1800 über den Erzbergbau in der Olper Rhonard. In: HSO 127 (1982). S. 80-87; HSO 128 S. 135-143. Hier S. 84.

Der Stollen wurde bis 1792 zu zwei Dritteln gebaut und Anfang März 1795 fertiggestellt.[43]

Mit diesem Grundstollen kam man nun 6 Lachter (12,55 m) unter den Oberen Stollen der Rhonard (hier ist der Fahrstollen gemeint und nicht der Maasmicker Stollen, der vormals Oberer Stollen war).

Zu guter Letzt hatte man durch den Bau des Stollens noch das Glück, zwei neue Gänge aufzufahren.

Der erste Gang im Bereich des Lichtloch 7 hatte eine Länge von 8 Lachter (16,74 m) und eine Mächtigkeit (Dicke) von 4 Fuß (125,54 cm / 1,26 m). Der zweite Gang am Grubengebäude war 18 Lachter (37,66 m) lang und war einen halben Fuß (15,69 cm) mächtig.

Beide der neu erschlossenen Gänge führten Kupferkies und spatigen Eisenstein, was der Rhonard neue glückliche Aussichten eröffnete.

Die Planung und Vermessung des Stollens wurde durch den Markscheider Gipperich durchgeführt und fand damals Begeisterung und Lob, ebenso wie die zügige Arbeit.

> *„Die große Länge, die dieser Stollen getrieben wurde, die Geschwindigkeit, mit der man ihn vollendete, die Sachkenntnis, die man bei seiner Ausführung zeigte, und die geschickte Markscheidung, die bei diesem Bau durch den olpischen Geschworenen Gipperich geführt wurde, zeichnen diesen Stollen vorzüglich aus und ist sicher der schönste und interessanteste Bau, der in Westfalen so geführt wurde."*[44]

Der gesamte Bau verschlang riesige 30.000 Reichstaler und gewährte der Grube Zehntfreiheit.

---

[43] Scheele, Norbert: Der Bergbau im südlichen... (wie Anm. 2)
[44] Schöne, Manfred: Ein Gutachten von 1800... (wie Anm. 42)

Nun wurde ein untertätiges neues Wasserrad notwendig, welches die Wasser der alten untertätigen Kunst als Aufschlagwasser nutzen sollte. Diese Radstube wurde nun entgegen (um 90° versetzt) der alten, Radstube neu im Gestein ausgehauen.[45] Die Kosten dafür und die anderen Anpassungsarbeiten u.a. die Erweiterung des Kunstgesenkes für eine zweite Pumpe beliefen sich auf noch mal auf den gleichen Betrag wie für den Vortrieb des Tiefen Stollens.

Abb. 15: Blau = Der Verlauf des Tiefen Stollens.[46]

[45]   Siehe Kapitel 1
[46]   Vom Mundloch bis Lichtloch 10 gibt es keine Karten über seinen Verlauf, außer ein Teilstück welches sich in Höhe des heutigen Hundeplatzes auf einer Karte verzeichnet ist. Die Zeichnung basiert also nur auf den o.g. Beschreibungen und den Teilstücken auf Karten und gibt somit nur eine grobe Übersicht über den Verlauf des Stollens nach heutigem Kenntnisstand.

Abbildung 15[47]

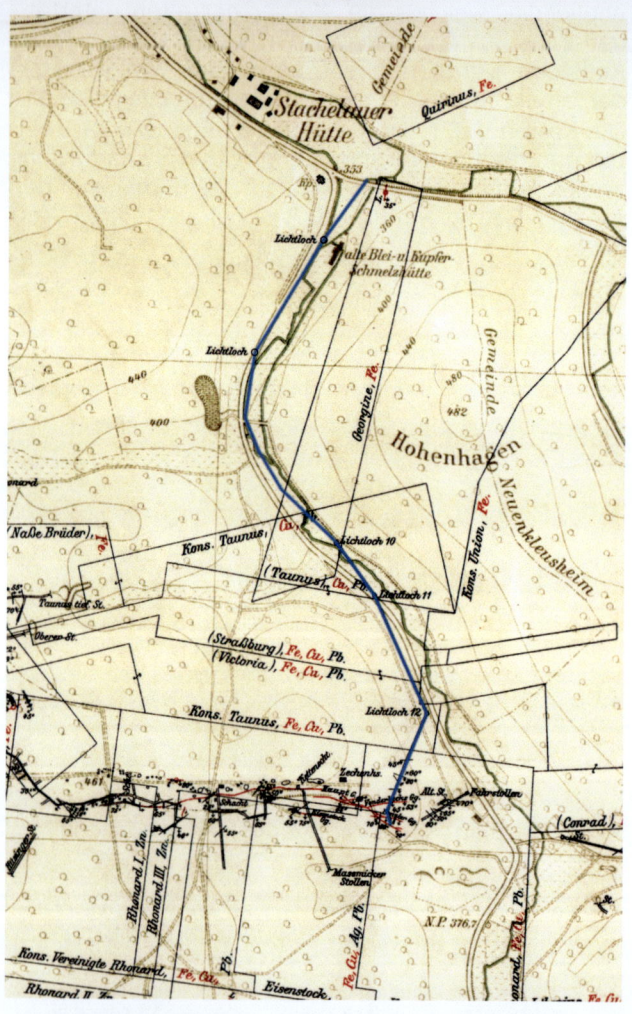

[47]   Königliche Geologische Landesanstalt Berlin. Gangkarte des
Siegerlandes 1:10000. Berlin 1906-1911. Blatt Olpe. Stollenver-
lauf eingezeichnet von Mario Watzek.

Abbildung 16-19: Einbruch des Schuppens von der Wasserentnahmestelle der damaligen Kreiswasserwerke über Lichtloch 12 im März 1978[48]

Abbildung 16

Abbildung 17

[48] Kreiswasserwerke Olpe (heute Kreiswerke Olpe), Archivunterlagen; Zur Verfügung gestellt von Alfred Schultheis

Abbildung 18

Abbildung 19

Der Stollen in der Hakemicke

In der Hakemicke, dem kleinen Tal zwischen dem Rhonardberg und dem Attenberg, gibt es einen Stollen am Straßenabzweig Grubenstr. - Engelhardtstr. - Hohe Rhonard.

Diesem Stollen ist ein Hochbehälter zur Wasserversorgung vorgebaut, welcher heute noch für die Notversorgung der Stadt Olpe mit Trinkwasser in Betrieb ist.

Auf dieser Seite des Rhonardberges gab es ebenfalls Grubenfelder und es sind auch Gruben in der Hakemicke überliefert.

So wurde in den Jahren 1820-1822 mit zwei Bergleuten, bestehend aus dem Steiger Ostermann und dem Hauer Ignatz Hupertz, Schürfarbeiten an der sogenannten Antoniusgrube in der Hakemicke auf Eisenerz durchgeführt. Beauftragt hatte die Arbeiten Friedrich Harkort, um festzustellen, ob sich hier Eisenerz für seine Henriettenhütte bei Rüblinghausen fördern ließe.[49] Besonders aussichtsreich können die Schürfarbeiten nicht gewesen sein, da ab 1823 keine Überlieferungen mehr bekannt sind.

Erst 1873 wurde in diesem Gebiet wieder nach Eisenerzen geschürft. Diesmal wurde auf dem Vorkommen drei Eisenerzbergwerke mit den Namen Sanssouci, Sanssouci I und Sanssouci II gemutet und am 21. Oktober 1873 an den Likörfabrikbesitzer Heinrich Hölterhoff zu Werne verliehen. Anschließend ist kein weiterer Betrieb umgegangen. 1950 gingen die Grubenfelder an die Vereinigte Stahlwer-

---

[49]   Westfälisches Wirtschaftsarchiv, F1 Nr. 316

ke, dann 1953 an die Erzbergbau Siegerland AG und wurden 1990 gelöscht.[50]

Dies lässt den Schluss zu, dass die 3 Bergwerke auf Schürfarbeiten beschränkt waren.

Abb. 20: Ausschnitt der Gangkarte des Siegerlandes.[51]

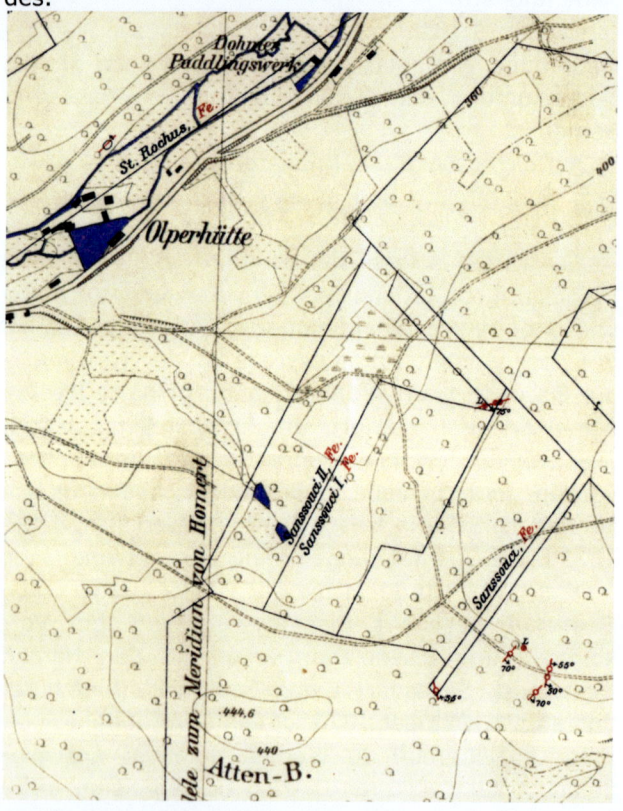

---

[50]   LAV NRW W Bergämter Nr. 14799

[51]   Königliche Geologische Landesanstalt Berlin. Gangkarte des Siegerlandes 1:10000. Berlin 1906-1911. Blatt Olpe.

In diesen Feldern finden sich noch heute einige Schurfstellen, aber keine weiteren Hinweise auf Bergbauaktivitäten. Auch in den Akten ist hierzu nichts überliefert.

Dies lässt den Schluss zu, dass die 3 Bergwerke auf Schürfarbeiten beschränkt waren.

Das es sich bei dem Stollen in der Hakemicke um einen Stollen mit Bergbaubezug handelt ist somit so gut wie ausgeschlossen.

Die Stadt Olpe hatte immer schon massive Probleme die Olper Bevölkerung mit Trinkwasser zu versorgen. Verschlimmert wurde diese Situation dann noch in den Blütezeiten des Bergbaus in der Region, da Gruben sowie Hütten viel Wasser benötigten.

Die Bürger versorgten sich mittels hauseigener Brunnen, aus den Bächen und Flüssen sowie aus Quellen.[52] Zu diesen gehörte damals auch die Hakemicke.

Aufgrund des enormen Trinkwassermangels machte man sich nach wie vor auch Anfang des letzten Jahrhunderts Gedanken wie man dieses Problem lösen kann.

Wie schon angeführt, wurde auch die Hakemicke schon für die Trinkwassergewinnung herangezogen. Dies sogar schon im frühen 17. Jahrhundert. So wurde bereits 1610 eine hölzerne Wasserleitung von der Hakemicke aus in die Stadt Olpe gelegt.[53]

---

[52]   Maiworm, Peter: Die Wasserhaltung der Stadt Olpe, unveröffentliches Manuskript

[53]   Wermert, Josef: Zeitleiste zur Geschichte der Stadt Olpe. In: Olpe – Geschichte von Stadt und Land. Band 1 und 3, Olpe 2002-2011

Dafür waren später zwei künstlich angelegte Wasserteiche vorhanden, die das Wasser der Hakemicke sammelten.[54]

Die zwei Stauteiche wurden im oberen Hakemicketal angelegt. Wann und wie lange die diese Teiche bestand hatten, konnten wir bisher noch nicht ermitteln.

Das Datum ihrer Errichtung kann man jedoch in die Zeit zwischen 1836/50 und 1891 datieren. Auf der Uraufnahme 1836-1850[55] (siehe Abb. 17) sind noch keine Teiche eingezeichnet. Erstmals in der Neuaufnahme 1891-1912[56] ist der obere der beiden Teich zu sehen (siehe Abb .18). Auf der Gangkarte des Siegerlandes[57] von 1911 sind die Teiche dann beide deutlich zu erkennen (siehe Abb. 16).

Abb. 21: Ausschnitt Uraufnahme 1836-1850[58]

---

[54]   Vgl. Abb. 16
[55]   Geobasisdaten der Kommunen und des Landes NRW © Geobasis NRW 2014
[56]   Ebenda
[57]   Wie Anm. 48
[58]   Wie Anm. 52

Abbildung 21

Abb. 22: Ausschnitt Neuaufnahme auf DTK.[59]

---

[59]   Wie Anm. 52

Abbildung 22

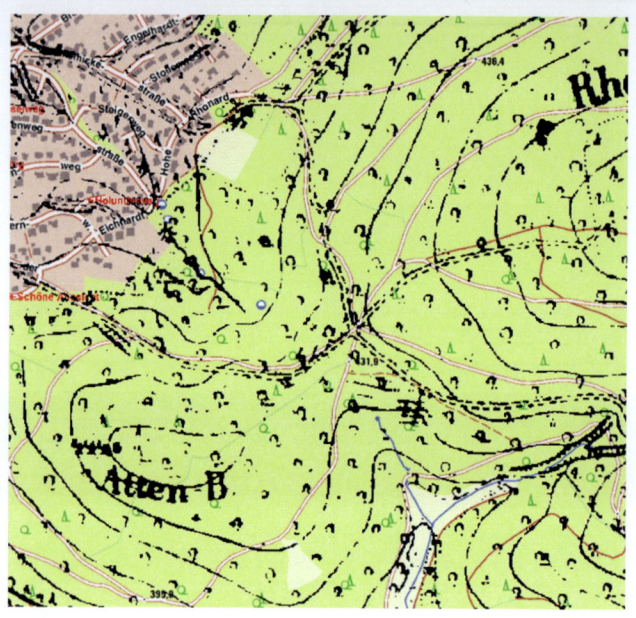

Einem Verwaltungsbericht der Stadt Olpe von 1930 kann man entnehmen, dass an der Rhonard eine Probebohrung für einen Tiefbrunnen angestrebt wurde, um neue Wasservorkommen zu erschließen. Den Ansetzpunkt für diese Bohrung wurde von Wünschelrutengängern bestimmt.

Abb. 23: Betonplombe auf dem ehem. Bohrloch[60]

---

[60]   Foto: Mario Watzek 2014

Abbildung 23

Es wurde erst nur 62,00 m tief gebohrt, da diese Tiefe vom Rutengänger angegeben worden war. Da man dort aber nicht auf die erwünschte Menge an

Wasser traf, bohrte man Loch weiter, bis auf eine endgültige Tiefe von 132,60 m.[61]

Um die dort erschlossenen Wasser zu nutzen, wurde eben dieser Stollen angelegt.

In der Stadtverordnetenversammlung wurde am 21. Nov. 1933 beschlossen mit dem Stollenbau zu beginnen.[62]

Landmesser Brüser aus Drolshagen nahm die Vermessung vor, die den Ansatzpunkt des Stollens bestimmte.

Acht Bergmänner arbeiteten im Dreischichtbetrieb.

Die Belegschaft beim Stollenvortrieb lag bei zwei Hauern, einem Schlosser und einer Aufsichtsperson pro Schicht.

Man wurde bei einer Länge von 390,00 mit dem Bohrloch durchschlägig und führte das Wasser nun durch den Stollen in den Hochbehälter.

Im November 1934 wurde aufgrund eines Gutachtens, welches von Prof. Dr. Schmidt erstellt wurde, beschlossen den Stollen noch weiter in den Berg zu treiben. Dies sollte weitere Wasseradern erschließen.

So trieb man den Stollen noch weitere 147,00 m vor und erreichte am 22. Februar 1935 eine Gesamtlänge von 537,00 m.

Der Stollen ist, laut Aussage der Kreiswerke Olpe (KWO), vom Mundloch aus ca. 80,00 m ausgemauert und beherbergt noch eine Hinterlassenschaft seiner Erbauer: Im frischen Beton wurde von den Arbeitern ein Hakenkreuz eingeritzt.

Nach diesen 80,00 m steht der Stollen im Gestein. Heute noch für ca. 30,00 m, ab dort ist das der Stollen mit Staumauer versehen, um dahinter das Wasser anzustauen.

---

[61]   Wie Anm. 49
[62]   Ebenda

Weiter soll es in dem Stollen zwei kleine nach rechts abgehende, kurze Querschläge geben.

Bei einer Befahrung die uns durch die KWO netterweise ermöglicht wurde konnten wir leider nur noch ca. 20,00m des Stollens befahren.

Ein kleiner, rein auf untertage ausgedehnter Bruch verhinderte das weitere Erkunden des Stollens.

Abbildungen 24-28[63]: Bilder des Stollens in der Hakemicke aus Januar 2015. Fotos: Mario Watzek

Abbildung 24

---

[63]   Mit freundlicher Genehmigung der Kreiswerke Olpe Wasserversorgung

Abbildung 25

Abbildung 26

Abbildung 27

Abbildung 28:

Abbildungen 29-30[64]: Archivbilder der KWO hinter
dem heutigen Bruch

---

[64]   Kreiswerke Olpe Wasserversorgung

Abbildung 29

Abbildung 30

Eine Windkunst auf der Grube Rhonard?

Eine Quellenanalyse

Im Volksmund weit verbreitet ist die Theorie, dass auf der Grube Rhonard eine Windkunst gestanden haben soll.[65]

Im Bergbau versteht man unter einer Windkunst eine Maschine, die – ähnlich einer Windmühle –, die Windkraft nutzte, um einen Förderhaspel, einen Lüfter oder eine Wasserpumpe anzutreiben. Im vorliegenden Fall soll es sich jedoch um eine horizontale Windkunst gehandelt haben. Eine solche Konstruktion hatte ihre Flügel horizontal angelegt. Damit unterschied sie sich von den herkömmlichen Windkünsten und Windmühlen, die vertikal angelegte Flügel hatten (Abb. 1). Diese Bauform hatte nun zwar den Vorteil, dass sie den Wind aus allen Windrichtungen nutzen konnte, ohne dass man den Mühlenkörper drehen musste, aber, auf ihre Leistung bezogen, war sie der vertikalen Windkunst weit unterlegen und konnte so auch nicht die Kraft aufbringen, wie sie ein herkömmlicher Antrieb gehabt hätte. Sie war daher nur für geringe Tiefen der Wasserhebung und Förderung geeignet.

Im Bergbau bestanden diese Windkünste in den meisten Fällen aus einfachen Balkenkonstruktionen, auf denen das Windrad aufgesetzt war.

In dem von Manfred Schöne veröffentlichten Gutachten des Bergrats von Spiegel aus dem Jahr 1800 über die Beschreibung der Fördermethoden auf der Rhonard[66] wird zwar der Bau eines Pferde-Göpels

---

[65] Diese Theorie geht wohl auf Dr. Gerhard Merk zurück (siehe Anm. 3).

[66] Schöne, Manfred: Ein Gutachten von 1800 über den Erzbergbau in der Olper Rhonard. In: HSO 127 (1982). S. 80-87; HSO

(Pferdemühle) empfohlen, es enthält aber keinen Hinweis auf eine bestehende oder geplante Windkunst. Die wichtigste und bislang einzige Quelle, die von einer Windkunst auf der Rhonard berichtet, stammt aus einem Manuskript des Notars Georg Heinrich Bredenbeck, das Gerhard Merk[67] interpretiert und ediert hat:[68] *„Im Jahr 1762 lies* [Oberbergmeister Johann Heinrich Jung] *auf eine Grube ohnweit der Stadt Olpe, wohin keine Aufschlag-Wasser zu bringen waren, auf der Gewerkschaft Kosten, eine von ihm erfundene Windkunst errichten, welche die Grundwasser aus einer Tiefe von 15. Lachter auf die Stollen Sole lieferte; die Flügel dieser Windmaschine waren, statt bei einer Windmühle horizontal, vertical gerichtet; und bei dem Mangel an genugsamen Wind, konnte sie durch 3 Mann, oder statt derselben, durch einen Zugochsen in Bewegung gesezet – und dadurch die Waßer gewältiget werden; Wegen schlechter Aufsicht ist sie hernach durch einen Windsturm zerstöhret worden."[69]*

Diese Quelle bedarf jedoch einer kritischen Hinterfragung.

Nach Merk wurde diese Windkunst *„ohnweit der Stadt Olpe"* auf der Grube *„Hohe Rhonard"* errichtet.[70] Allerdings lässt sich nach allen bekannten Bergbauakten und Grubenrissen keine Grube mit dem Namen „Hohe Rhonard" nachweisen. Vielleicht wäre dies noch zu vernachlässigen, da es sich schlichtweg um einen Interpretationsfehler handeln könnte. Am Rhonardberg gibt es zwar die Straße Hohe Rhonard, diese liegt aber südwestlich, auf der

---

128. S. 135-143.

67   Merk, Gerhard: Oberbergmeister Johann Heinrich Jung – Ein Lebensbild. Kreuztal 1989.

68   Ebenda. S. 60 und Edition. S. 98-99.

69   Ebenda. S. 98-99.

70   Ebenda. S. 60.

anderen Bergseite der Grube Rhonard und somit weit entfernt vom eigentlichen Grubenbetrieb der Grube Rhonard.

Der heute auf Karten verzeichnete Flurname „Hohe Rhonard" für den Rhonardberg gab es damals noch nicht. Auf allen historischen Karten heißt dieser schlicht nur *„Rhonard"*. Nebenbei erwähnt, bedeutet der Name Rhonard ‚gerodete Anhöhe', gebildet aus dem Bestimmungswort rode und dem Grundwort Hard. 1383 wird der Berg als „Rodenhart" urkundlich erstmals genannt.[71]

Sieht man sich noch mal den von Gerhard Merk edierten Text genauer an, so findet sich, dass dort die Grube nicht explizit mit dem Namen „Hohe Rhonard" bezeichnet ist.[72]

In der Rhonard soll sich 1762, so interpretiert Merk die zitierte Quelle, das Wasser in der Grube in einer Teufe von 30 m gestaut haben. Dadurch sei der Bergbau ins Stocken geraten, was den derzeitigen Grubenbesitzer dazu veranlasst habe, Johann Heinrich Jung zu engagieren, um des Wassers Herr zu werden.

[71] Beckmann, Werner: Flur-, Gewässer- und Ortsnamen. In: Wermert, Josef (Hrsg.): Olpe. Geschichte von Stadt und Land. Bd. 2: Von der Weimarer Republik bis zur Gegenwart. Hrsg. im Auftrag der Stadt Olpe. Red.: Günther Becker, Hans-Bodo Thieme und Josef Wermert. Olpe 2011. S. 1418-1419.
[72] Merk: Oberbergmeister (wie Anm. 3). S. 98.

Abb. 31: zeitgenössische Abbildung einer horizontalen Windkunst
(Aus: Homännischen Erben (Hrsg.): Prospecte des Hartzwalds nebst accurater Vorstellung der auf selbigem gebräuchlichen Bergwerks-Maschinen Ertz- und Praege-Arbeiten Prospectus Herciniensis: cum p. s. c. M als ein Anhang zur geographischen Charte des Hartzwalds hrsg. von Homännischen Erben. Nürnberg 1730/1818.
Moravská zemská knihovna v Brně – Mährische Landesbibliothek in Brünn: Sign. Moll-0005.297, „mapy.mzk.cz")

Abb. 32: Querschnitt eines Pferdegöpels
(Aus: Löhneyß, Georg Engelhard von: Bericht von
Bergwercken. 1690. Abb. 14)

Abb. 33: Skizze einer Windkunst nach Leibniz
(Aus: Heinekamp, Albert (Hrsg.): Theoria cum praxi
– zum Verhältnis von Theorie und Praxis im 17. und
18. Jahrhundert. Akten des III. Internationalen Leib-
niz-Kongresses, Hannover, 12. bis 17. November
1977. Bd. IV. Wiesbaden 1982. S. 49)

Abbildung 33

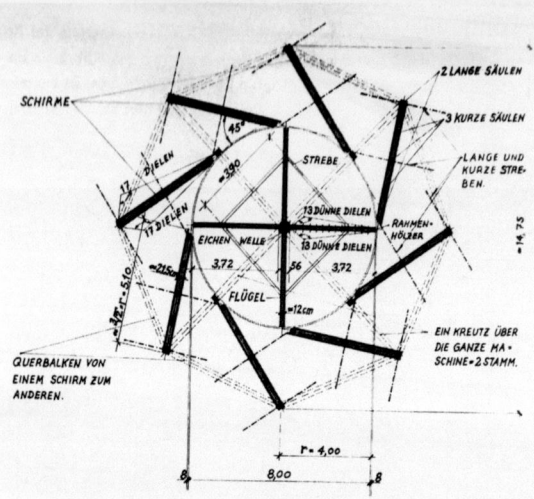

DRAUFSICHT

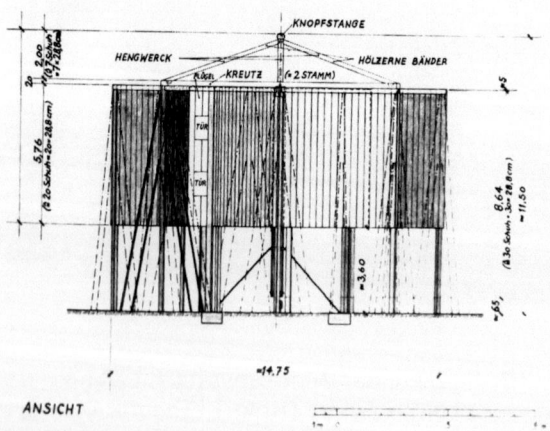

ANSICHT

Abb. 34: Skizze einer Windkunst nach Leibniz
(Aus: Heinekamp, Albert (Hrsg.): Theoria cum praxi
– zum Verhältnis von Theorie und Praxis im 17. und
18. Jahrhundert. Akten des III. Internationalen Leib-
niz-Kongresses, Hannover, 12. bis 17. November
1977. Bd. IV. Wiesbaden 1982. S. 51)

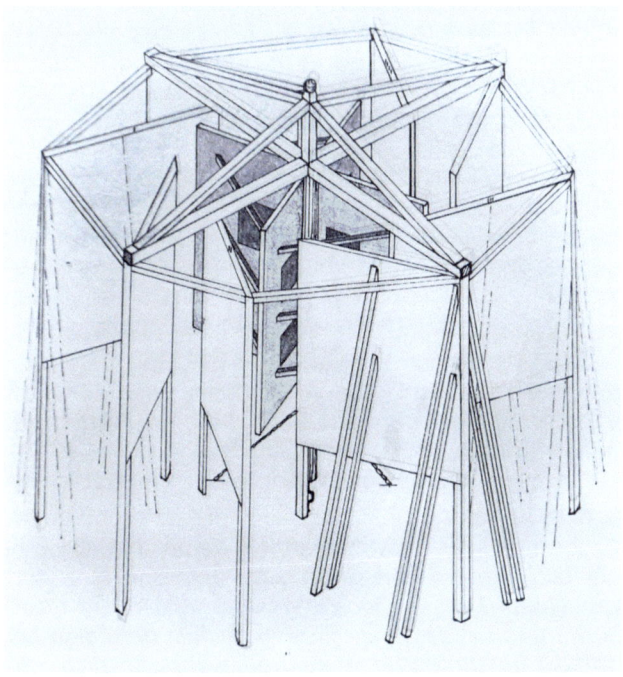

Auf der Grube Rhonard wurde bereits vor 1668 eine
Wasserkunst errichtet, um die Grubenbaue vor dem
Absaufen zu retten. 1730 wurde eine neueWasser-
kunst gebaut, die bis 1795 lief. Zur ihrer Unterstützung wurde 1760-

1765 eine weitere Wasserkunst errichtet.[73]

In den Ausführungen von Merk heißt es, dass eine wassergetriebene Hebemaschine, wie sie bei der Grube Stahlberg in Müsen vorhanden war, nicht gebaut werden konnte, da es auf der Rhonard an Wasser gefehlt habe; es hätten keine Aufschlagwasser für die Kunsträder zur Verfügung gestanden. Da aber 1762 bereits eine und ab 1765 sogar zwei Wasserkünste in Betrieb waren – und dies noch bis ins beginnende 19. Jahrhundert –, ist davon auszugehen, dass am Standort Rhonard tatsächlich genug Wasser zur Verfügung stand.

Merk gibt als Eigentümer von Grube und Hütte „Hohe Rhonard" die Herrschaft Burgholdinghausen an. In der Quelle selbst sind keine Gewerken angegeben. Es ist vielmehr belegt, dass sich das Bergwerk in der angegebenen Zeit im Besitz der Grafen von Brabeck befand.[74]

Die Windkunst konnte, so Merk, bei Windstille durch einen Göpel, der von Ochsen oder die Kraft von drei Männern angetrieben wurde, in Betrieb gehalten werden.

Bergrat von Spiegel weist in seinem Gutachten von 1800[75] darauf hin, dass die Fördermethoden der Grube mehr als unwirtschaftlich waren und empfahl deshalb, einen Pferdegöpel zur Förderung einzusetzen (Abb. 2): *„Wie drückend und kostspielig diese Förderung für das Werk ist und noch in der Folge bei immer zunehmender Tiefe und wahrscheinlich reicher Förderung werden müsste, ist zu einleuchtend und bedarf keiner weiteren Erläuterung. – Man kann mit Recht dem Grubenvorstehern zu seiner Pflicht machen, diese Förderung ganz abzuschaffen, und*

---

[73] Watzek, Mario: Die Wasserkünste der Grube Rhonard. In: OGG 21 (2013). S. 29-36.

[74] Sondermann, Franz: Geschichte der Eisenindustrie im Kreis Olpe. Münster 1907. S. 60.

[75] Schöne: Ein Gutachten (wie Anm. 1).

*statt ihr die mittels eines Triebwerks einzuführen,
wo es dann freilich unangenehm ist, ungeachtet des
hinreichenden Gefälles aber wegen Mangel an Wasser sich bloß auf einen Pferdegöpel beschränken zu
müssen. Allein auch dieser hat wesentliche Vorteile
gegen Menschenhände, welche immer* [die] *kost-
barsten bewegenden Kräfte bleiben ...*"[76]

Wäre also 1762 doch eine Windkunst zum Heben
der Wasser erbaut worden, dann wäre diese wohl
auch zur Förderung, bei Windstille ja mit Ochsen-
kraft, eingesetzt worden, was offensichtlich nicht der
Fall gewesen ist. Aber eventuell ist gerade dieses
Detail über den Göpel der ausschlaggebende Punkt:
Es ist bekannt, dass ein bestimmter Teil des Rhonardberges im Volksmund immer noch „am Ross-
berg" und an der „Rossmaschine" genannt wird.[77]
Vielleicht ist grade dieser von Bergrat von Spiegel
1800 genannte Göpel der Grund, warum die von Johann Heinrich Jung errichtete Windkunst auf der
Rhonard gesucht wurde und als Standort derselben
genannt wird.

Fazit

Dass auf der Rhonard eine Windkunst gestanden
hat, ist höchst unwahrscheinlich. Die von Bredenbeck erwähnte Windkunst könnte bei jeder anderen
Grube in der näheren Umgebung von Olpe gestanden haben. Gegen einen Standort auf der Rhonard
spricht, dass die Hinweise aus den Quellen nicht mit
der bisher belegbaren Geschichte der Grube Rhonard übereinstimmen. Man kann also mit an Sicher-
heit grenzender Wahrscheinlichkeit sagen, dass es

---

[76] Ebenda. Hier S. 87.

[77] Ruegenberg, Horst und Horst G. Koch: Olper Land im Aufbruch. Unternehmer und ihre Werke. Hrsg.: Arbeitgeberverband Olpe. Olpe 1987. S. 29.

sich nicht um die Rhonard, sondern um ein anderes Bergwerk gehandelt hat, vielleicht um die Grube Altenberg bei Wenden, wo 1781 eine Windkunst durch den Richter von Stockhausen erwähnt und Jung als Erbauer genannt wird.[78]

---

[78]   Sondermann: Geschichte (wie Anm. 10). S. 59.

Die Stauteiche der Rhonard nach dem Bergbau[79]

Ein Interview von Martina Koch mit ihrem Schwie-
gervater - Persönliches zum Thema

"Kochs Fischteiche
Gesprächsprotokoll

Hiermit sind die zwei Fischteiche gemeint, die
links und rechts von Olpe kommend neben der Siegener Straße liegen.

Sie existieren seit dem Bergbau. Der linke Teich
gehört immer noch der Stadt Olpe. Der rechte Teich
liegt etwas weiter von der Straße im Waldstück.

Der Teich direkt neben der alten Landstraße exis-
tiert erst seit 1975. Er wurde von Ludwig Koch, ein
Vetter von Josef und Rudi Koch auf den Wiesen von
Büdenbenders gebaut und befindet sich heute im
Besitz seiner Söhne Hermann und Franz Koch.

Dieser Teich wird von dem weitaus älteren Teich
gespeist.

Der ältere Teich gehört heute Alfred und Anne
Kathrin Koch, Kinder der Brüder Josef und Rudi
Koch. Der Vater, also der Opa der beiden heutigen
Eigentümer, pachtete 1941 von der Stadt Olpe die
Fischteiche rechts und links der Siegener Straße.

Der kleinere Teich im Wald besteht seit 1778. Diese
Anlage wurde gemeinsam mit den Teichen am Alten-
kleusheimer Bach für die Wasserkunst der Grube
Rhonard genutzt.

Der Opa von Alfred Koch, Josef Koch, war auch
der Erbauer des Kreuzglöckchens. Er war ein großer
Naturfreund. Er züchtete Bienen, stopfte Vögel und
andere Tiere aus und machte ausgedehnte Spazier-
gänge in der Rhonard.

---

[79]   Von Martina Koch, Olpe

Er baute 1933 das Kreuzglöckchen. Er hatte ein Gelübde abgelegt, nachdem seine einzige Tochter drei Mal in einen Verkehrsunfall verwickelt wurde. Kochs wohnten an der Martinstraße (heute CDU Haus).

Als das Haus 1926 gebaut wurde, legte man bei Fundamentarbeiten ein altes eichenes Mühlrad frei. Zu schließen ist daraus, dass vor Hunderten von Jahren an dieser Stelle eine Mühle gestanden hat, die durch das Wasser der Günse betrieben wurde.

Teile dieses Wasserrades waren so fest mit der Erde im Laufe der Zeiten verwachsen, dass man sie nicht herauslösen konnte und einfach die Hausfundamente darüber errichtete (Auszug Zeitungsartikel 17. September 1934).

Bei diesen Spaziergängen entdeckte Opa in der Kaue das Teichgelände des großen und kleinen Fischteiches.

Schon immer war es sein Wunsch gewesen, ein eigenes Reich in der herrlichen Natur zu besitzen. Er wollte Fische ziehen und diese später absetzen. Sehr groß waren jedoch die Schwierigkeiten, die sich ihm entgegenstellten.

Das Gebäude des kleinen Teichs hatte der Bauer Büdenbender gepachtet und er hütete hier seine Kühe. Büdenbender war bereit, das Gebäude abzugeben und Opa pachtete das Grundstück, dessen Besitzer die Stadt Olpe war.

Auf dem Gelände war bereits ein Damm vorhanden. In der Mitte des Damms war jedoch ein Durchbruch.

Opa begab sich daran, dieses Loch zu schließen. An freien Nachmittagen schlug er sein Lager in dem Stollen auf, der sich am Teich befindet, und arbeitete alleine, wie er es früher immer getan hatte.

Er kaufte zuerst 15 Rohre mit einem Durchmesser von 30 cm. Kaum hatte er die Rohre gelegt, da kam ein großes Hochwasser und alles wurde fortgeschwemmt. Von Neuem nahm er den Kampf auf und im folgenden Jahr wurde die Lücke geschlossen.

Um sich aber am Teich aufhalten zu können, beschloss er, sich eine Hütte zu bauen. Die Hütte war zwar nicht groß, aber es ließ sich dort gut wohnen.

Von nun an war der Teich der Badeort aller umliegenden Ortschaften geworden. Nach dem Ende des Krieges 1945 wurde die Hütte weitergebaut.
Die Fischteichfreuden nahmen jedoch bald ein jähes Ende.

Im Jahre 1946 trat ein großes Katastrophenhochwasser ein und riss das gleiche Loch in den Damm hinein, wie es früher gewesen war. Alle Erde, die zum Auffüllen gebraucht worden war, war von der Dammkrone abgenommen worden und bei dem Hochwasser auf die unterhalb gelegenen Wiesen (heute Fischteich von Hermann und Franz Koch) gespült worden.

Es war mit Druck unter der Straße durchgeschossen und hatte bei seinem Austritt auf der anderen Seite der Straße auf der Wiese des Bauern Klein auch noch großen Schaden verursacht.

Das 30 cm dicke Rohr war nicht in der Lage gewesen, das gesamte Teichwasser abzuführen.
Das Wasser war so hoch gestiegen, dass es sich über die aufgefüllte Lücke seinen Weg suchte. Es spülte die Dammlücke bis auf den Grund aus und riss sogar die Rohre mit hinaus, die es auf die folgenden Wiesen warf.

Groß war der Schaden, aber dennoch verzweifelte Opa nicht. Er nahm den Kampf erneut auf. Mit großer Anstrengung wurde der Schutt auf Büdenbenders Wiese entfernt und der auf der Wiese von Bauer Klein nicht unerhebliche Schaden beseitigt.

Schon lange vor der Hochwasserkatastrophe im Jahre 1946 hatte Opa den großen Teich ebenfalls von der Stadt Olpe gepachtet.

Auf diesem Gelände befindet sich ebenfalls ein 120 m langer, gewaltiger Damm. In diesem Damm war auch eine große Durchbruchstelle.

Der Bauunternehmer Sondermann wurde beauftragt, dieses Loch zu schließen. Die notwendige Erde nahm man von der Dammkrone ab. Durch Kriegseinwirkung erhielt das Bauwerk seinen ersten schweren Schlag.

Die Arbeiter des Unternehmers waren hauptsächlich Gefangene.

Als der Krieg verloren schien, wurden die Kriegsgefangenen abgezogen und die Anlage wurde dadurch nicht fertig.

Es fehlte der notwendige Überlauf und der Überleitungsgraben.

Im Jahre 1945 hatte der Damm seine erste Probe bestanden. Im Damm befand sich nun ein Rohr mit einem Durchmesser von 50 cm. Das Rohr war jedoch nicht in der Lage, das gesamte Zuflusswasser abzuführen. Das Wasser stieg bis zur Dammkrone und staute eine ungeheure Wassermenge.

Der Damm war noch neu und es schien, als wolle er dem Wasserdruck nachgeben. An der Seite war ein provisorischer Überlauf gebaut worden. Durch diesen floss viel Wasser ab und so konnte das Wasser nicht über die Dammkrone treten.

Endlich hörte der Regen auf und das Wasser fiel wieder.

Aber es sollte noch weit schlimmer kommen. Es trat eine Hochwasserkatastrophe ein, wie seit 100 Jahren nicht mehr gewesen war.

Es handelte sich um das gleiche Hochwasser, wodurch die Schäden am kleinen Damm entstanden waren.

Das Wasser stieg fast bis zur Dammkrone. Eine ungeheure Wassermenge strömte durch den provisorischen Überlauf, dass über das Tannengrundstück des Bauern Köhler aus Altenkleusheim führte, und spülte dort ein großes Loch.

Der neue Damm zeigte, dass er noch nicht dicht war.

Zwei Meter unterhalb der Dammkrone befanden sich eine große Anzahl Sickerstellen, durch die das Wasser floss und die Erde an der Rückseite mit sich riss. Leider hatte es der Unternehmer versäumt, die Rohre auf Beton zu legen. Das Wasser strömte mit gewaltigem Druck aus den Rohren heraus uns spülte hinter dem Damm bei seinem Aufprall ein großes Loch. Auch die Rohre hielten dem Druck nicht stand, brachen aus der Rohrkette heraus und stürzten in den neu gebildeten Kolk[80].

Eine große Erdmasse war ebenfalls abgerissen worden und wurde vom Wasser fortgeschwemmt. Der Herrgott schien kein Erbarmen zu haben. Das Wasser stieg und stieg und der Regen wollte nicht nachlassen.

Erdrückend war die Verantwortung, die auf Opa lastete. Wenn der Damm brach, so suchten viele Kubikmeter Wasser ihren Weg in die Freiheit und rissen ungeheure Erdmassen und Geröll mit sich auf die folgenden Wiesen. Bis nach Olpe würde sich die Wasserkraft auswirken.

An der Brücke in der Kölner Str. standen schon einige Schaulustige und warteten auf das Schauspiel, das sich jeden Augenblick abspielen konnte.

Das gesamte Tal wurde von Menschen gesäumt, bis zum Weierhohl in Olpe.

Schon seit dem Morgengrauen arbeiteten Vater Koch und sein Sohn Josef daran, das Wasser teilweise durch einen alten Entwässerungsgraben am Teich vorbeizuleiten.

Was Opa hier mit seinen 58 Jahren leistete, war fast unmenschlich. Ganz allein standen die zwei im tosenden Element. Kein Mensch ließ sich blicken, um den beiden zu helfen.

Wo waren alle die Badegäste des Sommers und all die Freunde? Keiner ließ sich sehen. Bruder Rudi

---

[80]   Ausgespülte Vertiefung unterhalb des Teichausflusses

war in Kriegsgefangenschaft und Bruder Peter 1944 gefallen.

Gegen Nachmittag erschien die Feuerwehr. Aber auch sie konnte nichts mehr ausrichten. Kurz vorher war das von den beiden notdürftig repariert Loch im Umlaufgraben vollends aufgerissen worden und nicht mehr zu flicken.

Fast vier Stunden stand Josef jun. bis zu den Hüften im eisigen Wasser und versuchte, Pfähle in den Boden zu rammen, um das Wasser in den Umlaufgraben zu leiten.

Aber immer wieder riss das Wasser alles mit sich fort. Es musste aufhören zu regnen, oder es war alles aus.

Sie konnten nur noch eins tun, abwarten!

Inzwischen hatten sich die Leute, die im Tal unterhalb wohnten, gewarnt, damit es nicht beim Durchbruch ein Menschenleben kostet.

Da, als die Not am größten war, hörte der Regen auf. Der Wind drehte nach Norden und es schneite.

In den nächsten Tagen fiel das Wasser. Sie waren vor dem Schlimmsten bewahrt worden. Aber sehr groß waren die Schäden, die sowohl am kleinen wie am großen Teich entstanden waren.

Die fortgeschwemmte Erde hatte sich auf das Grundstück von Heite – 1,5 km unterhalb des Teiches, abgelagert. Der Überlauf hatte ein sehr großes Loch auf dem Grundstück von Herrn Köhler gerissen und die Dämme von beiden Teichen waren sehr stark angeschlagen.

Herr Köhler nahm sich einen Anwalt. Es hatte sich nämlich herausgestellt, das die Besitzerin des Teichgeländes, die Stadt Olpe, das Staurecht hatte verfallen lassen. Die Anlage war somit ohne Genehmigung gebaut worden. Dazu kam noch, dass Köhler alle Schäden, die durch das Hochwasser bei ihm, dem Unterlieger, entstanden waren, auf Kochs Anlage zurückführte.

Es forderte Wiederherstellung des alten Zustands, nämlich die Öffnung des Dammes. Weiterhin forderte er die Schließung des Überlaufs vor seinem Grundstück.

Der Krieg war verloren und nicht ein einziger Arbeiter zu bekommen.

Opa bot Köhler anderes Land an, Geld und gute Worte, aber Köhler ging auf nichts ein. Er wollte das Lebensventil des Teiches schließen. Eine andere Möglichkeit, das Wasser abzuleiten, gab es nicht. Er hatte schon richtig kalkuliert, denn ein neuer Überlauf, der mit Genehmigung der Deichpolizei gebaut werden musste, würde ungeheuer viel kosten. Man hatte damit gerechnet, dass Opa somit die Sache leid würde.

Aber die Sache scheiterte an dem eisernen Willen der beiden.

Köhler ließ Klage einreichen und einen Gerichtstermin ansetzen. Das Einzige, was die beiden noch retten konnte, war arbeiten.

Mithilfe eines neuen Arbeiters bauten sie gleichlaufend mit dem alten Überlauf auf ihrem Grundstück einen neuen und führten das Wasser über Treppen in das Bachbett zurück. Das Loch auf dem Grundstück von Köhler wurde mit Erdmassen, die bei dem Ausbau des Überlaufes frei wurden, aufgefüllt. Die Böschungen am Bachlauf wurden vorbildlich neu gebaut und das Flussbett von Geröll gesäubert. An der Rückseite des Dammes legten sie einen Betonkern von 3x3m an und legten die abgerutschten Rohre wieder an. Gleichzeitig füllten sie den Damm neu und legten die Rückseite mit Rasen ab.

Damit war Köhler aber immer noch nicht zufrieden. Er fand neue Gründe, um gegen die Kochs vorzugehen.

Auf dem Teichgelände befindet sich nämlich ein Bewässerungsgraben, der auf dem Grundstück von Köhler mündete.

Köhler ließ über den Anwalt mitteilen, dass nur er und Herr Klein das Recht hätten, das Wasser durch diesen Graben zu leiten. Kochs durften auf ihrem Grundstück durch einen Graben, der mit der Böschung eine große Fläche hatte, und der von ihnen mit großen Kosten nach der Hochwasserkatastrophe ausgebaut worden war, leiten, weil er das Wasserrecht hätte.

Er wollte in seiner egoistischen Denkweise das Wasser bei der Bewässerung durchleiten und Kochs ginge der Graben weiter nichts an, als ihn sauber zu halten. Von Arnsberg wurde jedoch mitgeteilt, dass Köhler keine Berechtigung hatte das Wasser auf Kochs Grundstück zu entnehmen.

Bleibt noch mitzuteilen, dass der Schutt auf der Wiese von Herrn Heite ebenfalls abgefahren wurde und der Damm bis zu den Sickerstellen durchgearbeitet wurde.

Opa hatte seine gesamten Ferien dazu benutzt, um die Hochwassergefahr zu beseitigen. Im Dezember 1954 wurde der Pachtvertrag von Josef und Rudi Koch übernommen.

Anfang der 1960er Jahre wurde der große Teich aufgegeben. Der kleine Teich blieb weiterhin in Haft.

Der Name „ Kochs Fischteiche" jedoch blieb. Noch heute gibt es Karten, in denen die Teiche als Kochs Fischteiche eingetragen sind.

Josef Koch Senior hatte mit seiner Idee die Teiche wieder anzulegen und zu stauen, mit dazu beigetragen, dass heute die Teiche wie schon 1778 an die Wasserkunst erinnern.

1973/74 kauften Rudi und Josef Koch das Flurstück 19, Parzelle 9+10 (Teich mit Böschung) von der Stadt Olpe im Tausch eines Grundstücks mit Fichtenbestand der Familie Koch am Friedhof. Plus einer beträchtlichen Summe Bargeld.

So konnte die Stadt Olpe ihren Kommunalfriedhof verwirklichen und für Kochs ging ein Traum in Erfül-

lung. Und waren endlich Eigentümer des kleinen Teiches im Wald.

Josef Koch kaufte noch weitere Parzellen von verschiedenen Bauern hinzu.

Der Bereich unterhalb des Teiches vom Damm
(Umlaufgraben) und der gesamte Wiesengrund
oberhalb des Teiches bis zur Straße gehörte Alfred
Koch."

Weitere Quellen:

Vgl. zusätzlich zu den im Folgenden genannten Literaturtiteln (alphabetisch): Beschreibung der Bergreviere Arnsberg, Brilon und Olpe sowie der Fürstenthümer Waldeck und Pyrmont. Hrsg. mit Genehmigung des Herrn Ministers der öffentlichen Arbeiten von dem königlichen Oberbergamte zu Bonn. Nebst einer geologischen Übersichtskarte, einer Übersichtskarte von den Erzlagerstätten im südlichen Theile des Bergreviers Olpe und sechs Blättern mit Skizzen der internationalen Lagerstätten. Bonn 1890. S. 103; Mimberg, Josef: Poetisches Loblied auf den Besitzer des Rhonarder Bergwerks, Jodok Edmund von Brabeck, 1700. In: HSO 75 (1969). S. 66-81; Reininghaus, Wilfried und Reinhard Köhne: Berg-, Hütten- und Hammerwerke im Herzogtum Westfalen im Mittelalter und in der frühen Neuzeit. Münster 2008. (=Veröffentlichungen der Historischen Kommission für Westfalen XXII A; Geschichtliche Arbeiten zur westfälischen Landesforschung. Wirtschafts- und sozialgeschichtliche Gruppe 18). S. 329-343; derselbe: Bergbau. In: Wermert, Josef (Hrsg.): Olpe. Geschichte von Stadt und Land. Bd. 2: Von der Weimarer Republik bis zur Gegenwart. Red.: Günther Becker, Hans-Bodo Thieme und Josef Wermert. Olpe 2011. S. 567-580; derselbe: Lokale Kriege, Fernhandel und Bergbau – Hintergründe der Olper Stadtgründung 1311. Festvortrag zum Stadtjubiläum am 26. April 2011. In: Südsauerland/HSO 242 (2011). S. 5-22; Ruegenberg, Horst: Olper Land im Aufbruch. Unternehmer und ihre Werke. Bearb. und ergänzende Texte von Horst G. Koch. Hrsg. vom Arbeitgeberverband für den Kreis Olpe e.V. Olpe/Siegen 1987. S. 24-33; Ruegenberg (†), Rudolf: Zur Geschichte des Bergbaus im Kreis Olpe. In: OGG 12 (2004). S. 105-126. Hier S. 106-109; Scheele, Norbert: Beiträge zur Geschichte des südlichen Sauerlandes. Kleusheim – Olpe-Land – Gerlingen – Biggetal – Kloster Ewig – Familie Scheele. Nachdruck von Monographien von Norbert Scheele aus den Jahren 1935/36 bis 1977 mit einem Vorwort und Korrekturennachweisen von Josef Wermert. Hrsg.: Stadtarchiv Olpe und Heimatverein für Olpe und Umgebung e.V. Kreuztal 2003. S. 164; derselbe: Der Bergbau im südlichen Kreis Olpe 1816. In HSO 90 (1973). S. 39-43; derselbe: Zur ältesten Geschichte des Kupferbergwerks Rhonard bei Olpe. In: HBO Jg. 10 (1933). S. 73-75, 102-105, 145-148, 170-171; Jg. 11 (1934). S. 17-20; Wacker, Richard: 100 Jahre Kapellengemeinde Stachelau. Aus Anlass des 100-jährigen Jubiläums der Kapellengemeinde „St. Elisabeth"… [Olpe-Stachelau] 2004. S. 30-31; Kreiswerke Olpe Wasserversorgung. Informationen zu dem Stollen in der Hakemicke.; Coverbild vorne, Ausschnitt aus: Homännischen Erben (Hrsg.): Prospecte des Hartzwalds nebst accurater Vorstellung der auf selbigem gebräuchlichen Bergwerks-Maschinen Ertz- und Praege-Arbeiten Prospectus Herciniensis: cum p. s. c. M als ein Anhang zur geographischen Charte des Hartzwalds hrsg. von Homännischen Erben. Nürnberg 1730/1818.

Moravská zemská knihovna v Brně – Mährische Landesbibliothek in Brünn: Sign. Moll-0005.297, „mapy.mzk.cz"; Coverbild hinten, Situations-Charte wie oben in Fußnote genannt, StA Olpe;

Danksagungen & Grüße

Die Autoren möchten sich an dieser Stelle insbesondere herzlich bedanken bei:

- Herrn Bürgermeister Horst Müller für das nette Vorwort zu diesem Buch;
- Herrn Josef Wermert für die vielfältige Unterstützung und Hilfe; Nicht nur bei diesem Projekt
- Frau Martina Koch für das letzte Kapitel dieses Buches
- Herrn Kai Thomalla für die Unterstützung bei Karten-, Referenzierungs- & GIS-Recherchen
- Frau Nicole Watzek, Herrn Dietmar Gurres, für die gemeinsame Forschung, den Ideen-, Theorien und Informationsaustausch, sowie für die vielen kontroversen Diskussionen die es ermöglichen objektive Ergebnisse zu erzielen
- Herrn Alfred Schultheis für die Unterlagen zum Tiefen Stachelauer Grundstollen
- Kreiswerke Olpe Wasserversorgung. Insbesondere Herrn Jantke und Herrn Ester für die Informationen und die ermöglichte Befahrung
- Herrn Duran, GF von Hera A.Hartleben GmbH in Wien für die Rechte am Coverausschnitt auf Seite 1

Des Weiteren bei:
- Herrn Axel Stracke und Herrn Gerhard Burghaus vom Heimatverein für Olpe und Umgebung e.V.
- Dem gesamten Bergbau- und Grubenarchäologischen Verein Ruhr e.V. (BGVR)
- Herrn Dr. Manuel Zeiler (LWL)

Über die Autoren

Oliver Glasmacher und Mario Watzek erforschen seit 2007 gemeinsam den Altbergbau in Südwestfalen. Insbesondere in Olpe und naher Umgebung.

Aus dieser Forschungsgemeinschaft entstand über die Zeit eine enge Freundschaft.

Beide Autoren sind in Bergbau- und Heimatvereinen tätig und versuchen die fast vergessene Bergbaugeschichte am Leben zu erhalten. Ausgiebige Recherchen, übertägige Wanderungen und Reviererkundungen, Grubenbefahrungen mit Foto- & Vermessungsdokumentationen sowie die Beschreibung der Bergwerke und der Bergwerksgeschichten gehören dazu.

Die Forschungsergebnisse der beiden Hobby-Montanhistoriker sind bisher zum einen in zwei Jahrbüchern des Heimatvereins für Olpe und Umgebung e.V. veröffentlicht worden (OGG 21 - 2013 & OGG 22 -2014).

Diese zwei Publikationen sind in diesen Buch nochmals, mit kleineren Änderungen aufgrund neuer Erkenntnisse, veröffentlicht.

Weiter betreibt Oliver Glasmacher die Homepage www.alterbergbau.de auf der viele ausführliche Artikel veröffentlicht sind. Er publizierte bereits einige Beiträge für den BGVR e.V. und eine Publikation über die Grube Altenberg bei Wenden in den Fischbacher heften.

Mario Watzek betreibt die Seite www.bergbau-olpe.de und www.wandern-auf-bergmannsspuren.-de.

Erstere zeigt Untertagebilder verschiedener Gruben und kleinere geschichtliche Hintergründe. Die Zweite ist eine Homepage zu Themenwanderwegen mit geschichtlichen Informationen zur Grube Rhonard in Olpe. Ein Projekt von Dietmar Gurres und ihm.

Oliver Glasmacher   Mario Watzek

www.bergbau-olpe.de

www.alterbergbau.de

www.wandern-auf-bergmannsspuren.de

VCard Mario Watzek

VCard Oliver Glasmacher